Loubieh

Loi numéro 49 956 du 16 juillet 1949 sur les publications
destinées à la jeunesse : octobre 2011
Dépôt légal : octobre 2011
Imprimé en France par Pollina à Luçon - L58233
ISBN 978-2-211-20792-8

Lynn Loubieh

Satomi Ichikawa

Les voitures de Jibril

l'école des loisirs
11, rue de Sèvres, Paris 6e

Jibril est un berger qui garde un dromadaire et trois petites chèvres. Tous les jours, il les emmène paître. Il sait où trouver les herbes tendres et les points d'eau pour ses animaux. Il connaît le désert comme sa poche. C'est un bon berger.

Mais ce qui passionne Jibril, ce sont les voitures.
« Quand je serai grand, je parcourrai le désert dans un gros 4×4 »,
se dit-il souvent.
En attendant que son rêve se réalise, Jibril fabrique de petites voitures avec tout ce qu'il peut trouver. Une bouteille en plastique, une boîte de conserve, une sandale cassée. Tout est bon !

Quand Jibril rentre le soir, son père l'appelle :
« Jibril, tu as encore pris mes ciseaux ! Je les ai cherchés toute la journée. Je n'en peux plus que mes outils de travail disparaissent ! Ce n'est plus possible ! »
« Mais papa, moi aussi, je travaille… »
« Tu appelles ça un travail ? Est-ce que ça te rapporte de l'argent ? »
« Non… »
« J'en ai assez de tes petites voitures. Dès demain, tu vas faire disparaître tout ça, c'est compris ? »

Jibril sait qu'il doit faire disparaître ses voitures,
sinon c'est son père qui le fera.
Au petit matin, il les charge dans deux grands sacs,
sur le dos de son dromadaire.

Sur la piste, une voiture s'arrête à sa hauteur.
Ce sont des touristes qui cherchent l'oasis.
« Prenez la piste qui va à droite », leur dit Jibril.
« Merci. Il y a bien un marché, là-bas ? » demande le conducteur.
« Oui, oui. »
« Attends, papa », dit un petit garçon, « j'ai envie de faire pipi. »

Au moment où le petit garçon descend,
il fait tomber par terre une voiture rouge et brillante.
Jibril la prend dans ses mains.
« Qu'elle est belle, cette voiture ! »
Jibril en a le souffle coupé.

« Elle te plaît ? » demande le petit garçon.
« Comment tu t'appelles ? Moi, c'est David. »
Jibril lui rend la voiture et dit : « Je m'appelle Jibril. »
« Au revoir, Jibril », dit le garçon avant de repartir.

« Qu'elle était belle, cette voiture ! »
Jibril n'a pas osé montrer ses voitures à David.
Il n'a même pas osé en parler.
« De toute façon, les miennes sont trop moches.
Mon père a raison, ça ne sert à rien de les garder.
Je vais les brûler ici même. Et j'en serai débarrassé. »

Mais soudain, Jibril hésite.
« Ces voitures sont mes trésors. Je ne peux pas les faire disparaître à jamais !
Je sais, je vais les cacher dans une grotte. »
Jibril remet le sac sur le dos du dromadaire et se dirige vers la montagne, d'un pas décidé.

« On est presque arrivés », dit Jibril,
mais quand il se retourne, il s'aperçoit qu'il est tout seul.
« Zut ! Les animaux ne m'ont pas suivi ! Mais où sont-ils passés ?
Vite, il faut aller les chercher ! »

Jibril revient sur ses pas…
Et soudain il voit son dromadaire et ses chèvres, là-bas, sur la piste qui mène à l'oasis.
« Mais bien sûr », se dit-il, « comme le dromadaire était chargé, il a cru que nous allions au marché vendre des objets, comme il a l'habitude de faire avec mon père ! »
Cela lui donne une idée…

« Et si j'essayais de vendre mes voitures ? »
Jibril prend son courage à deux mains,
et s'élance sur la piste de l'oasis.
L'oasis est pleine de monde, mais Jibril a trouvé
un bon endroit pour s'installer.

Tout à coup, il voit David, qui se promène avec ses parents.
«Jibril! C'est toi qui as fabriqué ces voitures?
Elles sont géniales! Elles sont à vendre?»

David a envie d'acheter toutes les voitures.
Ses parents lui disent qu'il peut en choisir cinq, pas plus, question de place. David est très content, et Jibril aussi : c'est son premier client !

À la fin de la journée, Jibril a vendu toutes ses voitures.
Il lui reste juste assez de temps pour faire son marché : « Du thé et du sucre pour papa, des dattes et des oranges pour maman et mes sœurs, une botte de foin pour les animaux, et la dernière chose… c'est pour moi. »

«Mais qu'est-ce que c'est que ce chargement ?»
dit le père de Jibril en voyant revenir son fils.
«J'espère que ce ne sont pas ses voitures
qu'il rapporte !»

« Papa ! Papa ! J'ai vendu toutes
mes voitures au marché !
Il n'en reste plus une seule !
Avec l'argent, j'ai acheté
un tas de choses pour
nous ! Et regarde…
maintenant,
j'ai des ciseaux à moi,
je ne prendrai
plus les tiens ! »

Parfois Jibril demande à son père de lui prêter un marteau ou une pince.
Et son père ne lui dit plus jamais non !